**Antes que la luz se apague
La verdadera historia de Martha,
la verdadera historia de Ama.**

ISBN: 9798338710388
"Antes que la luz se apague".
La verdadera historia de Martha, la verdadera historia de Ama.
Autora: Martha Vega G.
Todos los derechos reservados Martha Vega G.
Edición y prólogo Paulina Aly.
Traducido por Daniela Viviana C.R.V

Dedico este libro a mis hijas, a mi nieta, mis padres, mi familia y toda esa comunidad que creyó y cree en mí.

Prólogo

En el vibrante paisaje de la sociedad ecuatoriana, pocas figuras han dejado una huella tan profunda y duradera como Martha Vega. Su vida y su obra son un testimonio poderoso de lo que puede lograrse cuando el compromiso con el bienestar comunitario se convierte en una pasión inquebrantable. Este primer libro celebra no solo alguno de los logros de una líder excepcional, sino también la esencia misma de lo que significa ser un agente de cambio en el corazón de nuestras comunidades.

Martha Vega no es solo una líder comunitaria; es una fuerza transformadora que ha dedicado su vida a mejorar las condiciones de vida de quienes más lo necesitan.

Ella ha creado un faro de esperanza y un modelo de solidaridad que resuena más allá de las fronteras nacionales. Su trabajo ha demostrado que el verdadero progreso nace de la cooperación y la empatía, valores que ella ha encarnado con una dedicación inquebrantable.

En las páginas que siguen, el lector encontrará no solo un retrato de una mujer extraordinaria, sino también una crónica de las luchas, triunfos y visiones que han definido su trayectoria.

La historia de Martha Vega es, en muchos sentidos, una historia de todos nosotros, una narración de cómo el esfuerzo colectivo y la determinación pueden transformar realidades y construir un futuro mejor.

Es un honor para mí presentar este primer libro, que rinde homenaje a la inestimable contribución de Martha Vega y ofrece una visión inspiradora de cómo un líder comunitario puede encender la chispa del cambio en las vidas de tantas personas. Que su legado sirva de guía y motivación para todos aquellos que aspiran a hacer una diferencia en sus comunidades.

Mis respetos y admiración

Paulina Aly
CEO MIAMI LATINO MAGAZINE
MLMTV International Awards
Sobrevivirás Survivor Foundation Inc.

La historia de una niña con inmensos sueños

He nacido en el seno de una familia modestamente acomodada, pero con aspiraciones y valores elevados. Soy la octava de doce hijos de dos padres luchadores y resistentes, quienes me educaron siempre con principios que enfatizaban la ética como el valor supremo.

Para mis padres, la ética era más valiosa que cualquier título académico, fortuna en el banco o joyas que pudieran poseer. Estos valores inculcados desde temprana edad me motivaron a esforzarme, trabajando día y noche, arduamente para destacarme como la mejor estudiante.

Mi historia comienza en mi infancia, donde he perdido la esperanza en más de una ocasión. Pero aquí sigo. Aquellos que conocen el túnel oscuro saben que existir día a día es una bendición. A veces no es necesario que sea el protagonista de tu propia historia; en cambio, puedes ser el héroe en la vida de alguien más.

Tuve una madre con una formación totalmente inclinada al amor y al servicio a todos, y un padre proveniente de una familia de economía media alta.

Ambas familias eran totalmente complejas, y el matrimonio entre mis padres fue complicado al ser mi padre una persona pública y destacada.

Mi madre tuvo que hacer el papel de padre y madre a pesar de tener un esposo.

Como niña, muchas veces sentí lo que siente todo niño cuando no existe la presencia de sus padres: la falta de cariño, de amor, de entendimiento y de comunicación. Sin embargo, a pesar de vivir en un mundo tan complejo y sensible, tenía una misión desde muy pequeña: la misión de sentir que yo sí podía.

En mi niñez sentía que era una guerrera y que no podía dejarme vencer por el dolor que sentía al no recibir el cariño de mis padres, quienes estaban tan ocupados. Nos amaban tal vez a su manera, pero jamás lo demostraron.

Crecí siendo una niña tímida, introvertida, una niña que muchas personas no aceptaban debido a la forma de vivir de mi familia.

No éramos aceptados ni en la sociedad de mi padre ni en la de mi madre.

Es cierto, estas son cosas que no suelo hablar, pero debo decirlo porque tal vez desde esa raíz, desde esa niña, se formó la mujer que soy hoy, Martha. Martha, la persona que quiere demostrar a la vida que no importa lo que hayas vivido ni los rechazos, ya sea de tu propia familia o de la sociedad.

Desde que tengo memoria, he estado liderando, desde la escuela primaria hasta el colegio secundario. Incluso, fui parte activa del consejo estudiantil, donde defendí los sueños y derechos de mis compañeros, asegurándome de que no fueran vulnerados ni por maestros ni por nadie más.

Como abanderada de estos principios, creo firmemente en una misión común que todos, sin excepción, compartimos mientras existimos en este mundo, y lo hago en nombre de Dios.

A pesar de ser una mujer fuerte, en el transcurso de la vida siempre me tocó enfrentar desafíos que fortalecieron mi fe en el ser supremo que nos dio la vida, Dios.

Soy una sobreviviente

Soy una sobreviviente de diversas enfermedades, a las cuales prefiero no ponerles nombre, ya que siento que esas condiciones solo pueden ser etiquetadas por los médicos. Desde que tengo uso de razón, he vivido días, meses y años en los que los doctores me han dicho que mi vida no podía continuar o que podría cesar en cualquier momento. Sin embargo, aquí estoy, no solo como abuela y mujer, sino como madre de dos hermosas hijas, a pesar de que me negaron el derecho de ser madre debido a mis supuestas condiciones.

Ellas son mi milagro de vida y la razón por la que encuentro la fuerza para continuar cada día. Además, tengo una nieta hermosa a la cual agradezco a Dios cada día, porque a pesar de lo que el hombre pueda decir, sé que Dios me tiene aquí por una razón.

Estoy escribiendo y haciendo todo esto antes de que se apague la luz. Es por eso por lo que quiero que mi libro se llame "Antes que la Luz se

Apague", porque todos sabemos que un día la luz se extinguirá y llegará el momento final. Pero antes de que eso ocurra, seguiremos conversando día a día y proporcionando herramientas para que todos sigan adelante sin perder el rumbo, la misión y la fe.

Ellas son mi milagro de vida y la razón por la que encuentro la fuerza para continuar cada día.

Mis hijas y yo en comunión, recibiendo a papá Dios.

Hermanos y papá listos para ir a un partido de fútbol.

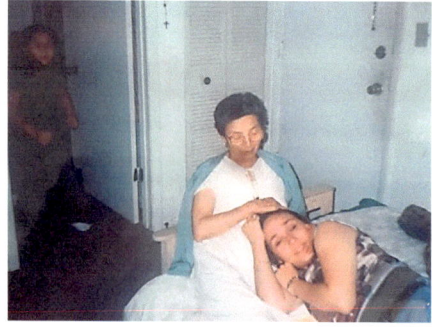

Mi mamá cuando vino a Estados Unidos para apoyarme cuando decidí divorciarme.

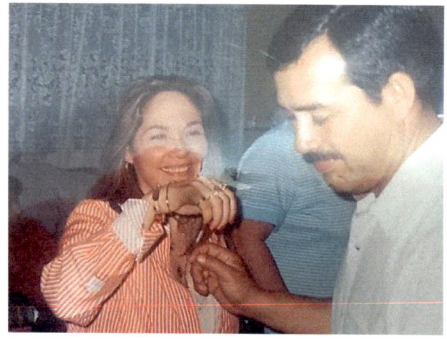

Con mi hermano Tyrone Vega

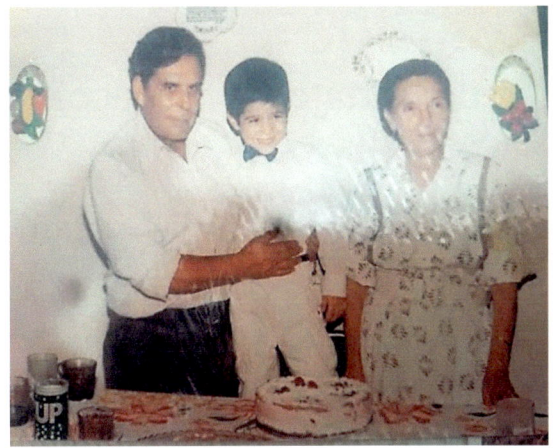

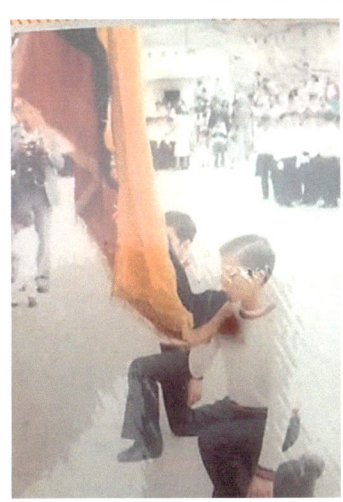

30 años de trabajo y progreso

Hace 30 años, nuestra familia emigró a los Estados Unidos, no por elección propia, sino debido a circunstancias que nos llevaron aquí. Sin embargo, agradezco a Dios desde el primer día por la oportunidad de defender los derechos de los migrantes, una causa que seguiré apoyando con determinación.

He trabajado incansablemente para representar a los migrantes que, como yo, dejaron su país, su hogar y sus costumbres, arriesgándonos a comenzar de nuevo en esta tierra que nos ha abierto sus puertas.

Durante estos últimos 30 años, he estado dedicada a la formación de mis dos hijas, de quienes me siento profundamente orgullosa.

Ellas me han brindado la felicidad de saber que mi elección de venir aquí no fue en vano, y que mi existencia es una bendición inmensa.

Observar los logros y triunfos de mis dos hijas, mis dos retoños, me ha inspirado a seguir creciendo como madre, preparándome y enseñándoles que la educación es la herramienta fundamental que les abrirá las puertas hacia la felicidad y el conocimiento.

Para mí, la educación es la clave, y el conocimiento es la riqueza más grande que uno puede obtener en la vida.

Ser millonario no se trata de poseer el automóvil más reciente, la mejor casa en el barrio más lujoso o una mansión espectacular.

Ser millonario significa acumular conocimiento, porque a través del conocimiento podemos convertirnos en multiplicadores de efectos positivos para quienes buscan el camino hacia el progreso.

A menudo, en este viaje, olvidamos que al nacer, Dios nos otorga cinco loterías de vida, cinco oportunidades para enriquecernos y no siempre sabemos cómo aprovecharlas.

Dios en mi vida y mi labor

Personalmente, me aferro a la presencia de un ser supremo, omnipotente, que es Dios, ya que he sido testigo de Su obra en mi vida, en mi familia y en quienes me rodean. Cada día, cada momento, reconozco que nada sería posible sin Él.

Dios ha sido mi pilar fundamental, impulsándome para seguir estudiando, preparándome y cuidando de mis dos preciosos retoños, ya que en este camino me ha tocado asumir el rol de madre y padre para mis hijas.

También me he convertido en guía para mis dos hermanos, quienes se desviaron por caminos inciertos debido a la ansiedad y la angustia. He debido ser un ejemplo y una mano amiga para aquellos que están a mi lado, para servir al mundo.

En el transcurso de la vida, sigo soñando y no tengo la intención de detenerme, porque las historias de los migrantes, las vivencias y los recuerdos nunca se detienen. Las memorias de un migrante son una historia cotidiana, donde se cruzan personas, familias y niños que buscan un nuevo comienzo, y es un placer extenderles la mano y decirles: 'Estamos aquí'.

En muchas ocasiones, no se trata de economía ni de depositar un cheque en un banco; a menudo, es simplemente tomar de la mano al migrante y guiarlo por el camino correcto en un territorio desconocido.

Él me provee lo necesario para mi tiempo en esta tierra, sabiendo que somos viajeros temporales. Dios me da lo suficiente día a día para compartir con el mundo, y cada mañana, mi primer suspiro es para decir: 'Gracias, Dios'. Agradezco a Dios por la sabiduría que me brinda para continuar, por colocarme en los lugares donde Él necesita que esté, porque sé que estando allí, sigo siendo un instrumento para servirle.

Es en estos lugares donde nos unimos como herramientas divinas, donde continuamos haciendo el bien y rescatando a las personas que quizás no sean de Su agrado, que no le tengan el respeto y cariño que merece.

Son precisamente estas personas las que más necesitan ayuda. Aquellos de nosotros que compartimos el lazo divino y creemos en el amor, el respeto y la unión de corazón con nuestro Padre celestial sabemos que Él está con nosotros cada día.

No siempre llevo la Biblia bajo el brazo, pero lo que siempre quiero enfatizar es que hemos perdido la fe en aquel que nos dio la vida.

La gente tiende a pensar que la riqueza material, las joyas, el lujo, el ocupar un puesto de presidente, CEO o recibir un reconocimiento como el Nobel de la Paz son más grandes que todo.

Pero mientras existamos como seres humanos en este mundo, esto es más grande que cualquier cosa. Debemos recordar que la muerte es un evento incierto y solo Dios conoce la fecha. Él decidirá cuándo será ese momento.

Si tengo 1000 seguidores y todos pierden la fe, me quedaré con uno y seguiré sirviendo con ese uno, porque mi misión va más allá de algo pasajero y subyace en lo sublime y lo subliminal.

Camino de la mano del omnipotente, y trabajé duro para convertirme en la profesional, empresaria, líder y activista que soy hoy. He sido reconocida humildemente por muchos países, organizaciones y gobiernos de alto nivel, pero el reconocimiento más significativo es el que Dios me dio cuando nací.

No necesariamente se trata de depositar un millón de dólares en una cuenta, sino de brindar una palabra o un consejo oportuno, un proyecto para servir a Dios y al mundo.

Son cosas que no tienen nada que ver con lo material. Y aquí está Martha Vega, siguiendo adelante sin importar lo que suceda en el camino, sin importar si hay cien o mil millones de personas que intenten obstaculizar tus proyectos.

Recuerden que cuando estás con Dios y con la Virgen Santísima, nadie puede detener tus proyectos porque son de ellos, para ellos y por ellos. Mientras llevamos a cabo nuestros proyectos, Dios ya tiene nuestra historia; simplemente sirvámosle a él y no al mundo, porque somos herramientas de servicio a Dios

Migrante símbolo de fortaleza

Como migrante, a menudo me sentí desorientada, sin un rumbo claro, sin alguien que me señalara la dirección correcta. No obstante, mi fe siempre permaneció firme, porque Dios tomaba mi mano y me conducía hacia donde debía estar, guiándome hasta donde me encuentro hoy.

Soy una mujer emprendedora, soñadora, empresaria, profesional, pero sobre todo, madre y abuela. Además, soy amiga de todos aquellos que necesitan un consejo mío y de aquellos que buscan un pequeño apoyo para seguir adelante.

El camino sigue, y son muchos los individuos y familias que llegan a este país desde todas las partes del mundo con esperanzas y sueños. Es mi deseo ser ese ángel, esa guía que Dios coloca a su lado para decirles que hay salida, que se puede.

Dado mi conocimiento de la realidad de tantos migrantes, he estado en todas las cárceles en Miramar, en Krome y en Miami Dade, desempeñándome como líder, activista y defensora de los derechos humanos.

He estado a su lado con el apoyo de servidores públicos comprometidos que entienden la verdadera vocación de servir a su pueblo.

Como siempre digo en mis presentaciones, nunca podemos caminar solos.

En primer lugar, debemos tomar la mano de quien nos dio la vida, que es Dios, y nunca soltarnos de Él. Luego, en la tierra, contamos con las herramientas de los servidores públicos, empresarios y la participación ciudadana para que juntos podamos seguir sirviendo al mundo. Este servicio no se lleva a cabo porque yo necesite una recompensa económica, lo hago porque a lo largo de los años, Dios me ha bendecido con todo lo que necesito y seguiré necesitando para existir hasta que Él decida llevarme.

Tenemos la responsabilidad de extender la mano a aquellos que, a pesar de pasar por situaciones personales difíciles, problemas económicos y desafíos profesionales, no han aprendido a reconocer que nadie está por encima del Altísimo. A lo largo de este viaje, he acumulado innumerables experiencias y recuerdos de familias que han sido rescatadas simplemente porque estuve allí en el momento preciso para guiarlos, para extenderles una mano amiga.

He visto tantos niños, jóvenes y adultos que necesitaban apoyo, y aunque a veces este trabajo es invisible y puede que no sea recompensado por otros seres humanos en este planeta, sé que Dios me compensa día a día.

Me recompensa porque hago esto en su nombre, y me recompensa a pesar de que en ocasiones haya tenido que alejarme de mis propias hijas y familia para cumplir su misión, dedicando mi tiempo a aquellos hijos que lo necesitan fuera de mi círculo más cercano.

A pesar de todo, me siento enormemente bendecida porque mis hijas, mi familia, mis nietas y todos aquellos que me rodean han comprendido y aceptado que Martha Amelia Vega Gaybor está en este planeta para cumplir una misión.

Maestras y coordinadoras de la Fundación Martha Vega
educando a los niños vulnerables.

Pueblo Chillanes. Llevando regalos de Navidad a los niños del área.

Entrega de juguetes en South Miami Elementary por National Community Services

Superando Limites: Resiliencia y Orgullo Cultural

Como fundación, visité a este grupo de jóvenes, compartiendo con ellos la idea de que su valor humano trasciende cualquier pérdida física que hayan experimentado. Les ofrecí orientación y apoyo, dejando claro que deben amarse y valorarse a sí mismos tal como son, para que se sientan más fuertes y seguros de que pueden enfrentar y superar cualquier límite. Comprendieron que la ausencia de una extremidad no define su capacidad ni su potencial.

Al mismo tiempo, me conmueve ver el impresionante espíritu de los indígenas de nuestro Oriente ecuatoriano. Para mí, como líder, es un orgullo haber contribuido, aunque sea en un pequeño grado, para que se sientan orgullosos de sus raíces, su gastronomía, su tierra y el entorno natural que los rodea. Es fundamental que estos grupos encuentren formas de subsistir a través de microempresas, utilizando lo orgánico que proviene de los árboles, de las piedras, de las plantas y de los animales; recursos que les permiten crear artesanías incomparables a nivel mundial.

Gracias a los consejos que compartí con los jóvenes, observé cómo cada uno de ellos crecía, transformándose en empresarios, modelos y artistas reconocidos en Ecuador, especialmente en La Concordia. Con cada palabra de aliento, he sido testigo de su evolución.

Así como estos jóvenes han descubierto su fuerza interna, es igualmente inspirador ver a los indígenas de nuestro Oriente dar pasos hacia adelante, abrazando su identidad y utilizando su cultura única como un medio para avanzar.

Hoy en día, son uno de los grupos más reconocidos en La Concordia, y también han sido invitados a los Estados Unidos para compartir sus historias. Estos jóvenes y los indígenas de nuestra región demuestran que, a pesar de sus desafíos, la falta de una extremidad o las adversidades culturales no les hacen menos que nadie, porque los límites solo existen si decidimos imponérnoslos. Ambos grupos representan fuentes de fortaleza e inspiración para todos aquellos que enfrentan dificultades, reafirmando que el conocimiento, la cultura y el emprendimiento son herramientas vitales para superar cualquier obstáculo y construir un futuro mejor.

Antes que la luz se apague *Martha Vega*

Siempre trabajando en equipo por el bien de la comunidad.

Construyendo puentes: motivando a estudiantes a alcanzar su maximo potencial.

Fomentando talento y creatividad en nuestros jovenes.

Trabajo y Progreso en los Estados Unidos: Un Compromiso Inquebrantable

A lo largo de mi historia como empresaria y profesional, siempre he dedicado el 100% de mi esfuerzo para asegurarme de que los resultados sean exitosos, respaldando a políticos que realmente poseen principios éticos y un compromiso genuino con la misión de ayudar a los contribuyentes.

Y como empresaria, he seguido el mismo principio, porque lo que nadie, absolutamente nadie, puede quitarte son tus propios sueños y tu conocimiento.

Proyectos pueden ser robados, pero tus sueños y tu sabiduría son inquebrantables.

Mi enfoque no se centra en el ego, ni de acumulación, ni de caminar sin sentido; se trata de alcanzar metas significativas. Juntos a nuestros hermanos de Honduras, Centroamérica, Sudamérica y Ecuador, hemos logrado mucho, y hoy continuamos trabajando para cumplir metas con todos aquellos que nos piden que sigamos alzando la voz.

En mi rol como consultora política, mantengo un firme compromiso con la formación de mejores líderes que brinden esperanza a la humanidad. Paralelamente, mi dedicación y compromiso con los niños migrantes y no migrantes sigue siendo una prioridad, ya que como yo, sus padres han tenido la necesidad de encontrar un lugar donde sus hijos puedan recibir el apoyo necesario mientras trabajan.

Es esencial que los niños tengan un entorno donde puedan crecer y desarrollarse de manera integral. Por eso, estoy profundamente involucrada en este proyecto maravilloso que el Condado de Miami Dade y las organizaciones sociales llevan a cabo, recibiendo a hijos de migrantes y no migrantes, asegurando que estos niños estén en manos de profesionales certificados, listos para guiarlos y brindarles la orientación necesaria para convertirse en futuros miembros valiosos de la sociedad.

Estos niños se sumergen en el conocimiento, aprenden y participan activamente en la educación global, interactuando con niños de diferentes países, con el objetivo de crecer y convertirse en un orgullo para la sociedad mientras construyen un mundo mejor.

A pesar del desafío que supone equilibrar mis obligaciones, no he detenido mi labor en casi 26 años. A veces, siento que Dios extiende mis días de 24 a 48 horas.

Sin embargo, lo hago con amor, porque cuando llego a mi hogar, a mi casa, donde Dios me bendice con tranquilidad, es el momento en que me relajo. Tomo un libro, hago ejercicio, medito y reflexiono. Existir es un proceso constante y no podemos detenernos, porque la vida es única.

Sabemos que la muerte puede llegar en cualquier momento, aunque desconozcamos la fecha exacta. Por lo tanto, es vital ser conscientes de que ese día eventualmente llegará y que debemos vivir plenamente en el presente.

El pasado ya pasó y no podemos cambiarlo, y el tiempo perdido no puede ser recuperado. Debemos sembrar las semillas de hoy con fuerza para poder cosechar un futuro fecundo.

Impacto Comunitario: Nuestra Organización entregando esperanza y sustento con Farm Share.

Liderazgo en acción: conectando comunidades y empoderando a los ciudadanos.

This Farm Share delivery is made possible by:
City National Bank
Bci FINANCIAL GROUP
FLORIDA'S HOMEGROWN FOODBANK
FarmShare.org
FarmShareFL
FarmShare.FL
NO PERSON GOES HUNGRY
FARM SHARE
EST. 1991

Joe Carollo

Antes que la luz se apague   *Martha Vega*

GOBIERNO AUTÓNOMO DESCENTRALIZADO MUNICIPAL SAN MIGUEL DE URCUQUÍ
ADMINSTRACIÓN 2019 - 2023

TODOS POR URCUQUÍ

/AlcaldíaDeUrcuquí
https://www.urcuqui.gob.ec/

ORGULLO IMBABUREÑO

El Gobierno Autónomo Descentralizado Municipal de San Miguel de Urcuquí, orgullosamente hace extensivo una

FELICITACIÓN

para nuestra Gran Imbabureña, hermana del Sr. Alcalde de nuestro cantón:

Martha Vega Hero

Presidenta de la Fundación National Community Services (NCS), ubicada en Estados Unidos (EE.UU.)

Por la gran ayuda humanitaria a más de 500 hermanos ecuatorianos que se encuentran varados en los EEUU, por la emergencia sanitaria declarada en nuestro país, debido al brote de COVID19.

Ing. Tyrone Vega Gaybor Mgs.
ALCALDE SAN MIGUEL DE URCUQUÍ

Antes que la luz se apague *Martha Vega*

Dedicación al Servicio de los Demás

Antes que la luz se apague   *Martha Vega*

Antes que la luz se apague   *Martha Vega*

Evento con el alcalde de Miami Francis Suárez reconociendo lideres hondureños

Embajador europeo, la alcaldesa Daniela Levine, bufete de abogados que apoya a National Community Services en evento por el día de la Mujer.

El presente es un regalo

El presente es la vida, es un regalo que debemos celebrar y agradecer al Señor, como dice la palabra, es un regalo, un presente que nos permite sembrar bendiciones para nosotros como seres humanos, para nuestra familia y nuestro entorno.

Si no estamos bien, no podemos brindar bien a otros, ya que nadie puede dar lo que no posee.

Es un placer hablar con madurez a mis 58 años, una vida repleta de aprendizaje, con momentos de tristeza, lágrimas, felicidad y triunfos.

He estado aquí durante 58 años, y continuaré hasta que Dios me indique que mi misión se ha cumplido. En este momento, he compartido algo que nunca había contado, algo tan íntimo, porque siento que la vida que llevamos se guarda en el cofre interno de nuestra alma.

Es necesario que las personas, quienes me conocen por mis logros, triunfos y fracasos, conozcan la verdadera historia de Martha.

Un día, una hermosa familia me llamó "Ama," un nombre hermoso que significa "amor."

Verdaderamente amo el mundo, amo existir y amo todo lo que me rodea.

Martha o "ama" está aquí para seguir haciendo y sirviendo a Dios.

A lo largo de los años, hemos obtenido reconocimientos de la OEA, la ONU, España, la Princesa Isabel y muchas otras autoridades, grandes y pequeñas organizaciones líderes.

No me enorgullezco de estos reconocimientos, ya que son un logro compartido con mis hermanos que también trabajan para servir al mundo.

El reconocimiento más significativo que poseo es el día de mi nacimiento, cuando Dios me otorgó el suspiro de vida en junio de 1965. Ese es el reconocimiento más grande que he recibido, porque Dios me envió para existir, cumplir una misión y servirle a Él.

Así que, amigos, amigas, líderes, empresarios, guías de fe, sin importar a qué religión pertenezcas, recuerda que nada en la vida tiene un punto final definitivo, excepto cuando partimos.

Ese es el punto final de nuestra historia, y solo Dios tiene el poder de poner fin a nuestra vida y a todo lo que hacemos en el camino, a nuestro protagonismo diario.

Recuerda que cada uno de nosotros es una historia viva, una película en desarrollo, un mensaje real destinado a motivar a otras personas.

Les habla una madre que asumió el rol de padre y madre para criar a dos hijas hermosas, que hoy son profesionales de quienes me enorgullezco, ya que han caminado con ética, principios y transparencia, aprendiendo de sus errores y defectos, como todos.

Lo más importante es que tienen a Dios en sus corazones, lo aman y saben que están aquí gracias a Él. También tengo una nieta de 16 años que es mi mayor orgullo, y ella también camina con la luz de nuestro Señor Jesucristo.

Esta es una familia que incluye a aquellos de sangre y a quienes no lo son, una familia que me apoya día a día, que está conmigo, que a veces me dice que pare o descanse.

Sin embargo, lo que siempre les respondo es que, si a ti te hace feliz ir a una discoteca, a un show, o al cine un viernes, a mí me hace feliz tomar mi coche, visitar a una familia y compartir mis guías, mi experiencia y conocimiento, y contribuir mi granito de arena para que esa familia tenga una vida mejor, llena de conocimiento y estabilidad financiera mientras están aquí. Y, por supuesto, les enseño que nada, absolutamente nada, está por encima de lo que Dios nos ha dado, que es la vida.

Mi vida ha estado dedicada a servir en diferentes lugares, desde Ecuador hasta Honduras y República Dominicana, compartiendo conocimiento y apoyo.

Muchas personas han venido a servir, pero no han comprendido que la verdadera misión no es servirse, sino servir a los demás. El resto se desencadena como un efecto dominó.

Es vital recordar que la verdadera riqueza no se encuentra en lo material, sino en el conocimiento, la educación y la fe en Dios. He trabajado incansablemente para ser la profesional, empresaria, líder y activista que soy hoy.

A lo largo de estos años, he recibido reconocimientos de diversos países, organizaciones y gobiernos de alto nivel, pero el más grande de todos es el reconocimiento que Dios me otorgó el día que nací.

Este reconocimiento no es meramente simbólico; es un recordatorio profundo de mi propósito. Cada momento de dificultad y triunfo me ha moldeado, reafirmando mi compromiso de servir a los demás y de cultivar el potencial dentro de mi comunidad. He aprendido que el verdadero valor de la vida va más allá de los reconocimientos y logros; reside en las vidas que tocamos y en la esperanza que inspiramos.

A medida que continúo en este camino, me recuerda cada día que mi misión no se trata solo del éxito personal; se trata de elevar a otros y alentarlos a que encuentren sus propios caminos. En cada encuentro, me esfuerzo por compartir las lecciones que he aprendido, inculcando en los demás la creencia de que ellos también pueden superar desafíos y alcanzar sus metas.

Juntos, forjamos conexiones que trascienden las circunstancias, creando un tapiz de resiliencia y fortaleza. Nuestros esfuerzos colectivos iluminan el camino hacia adelante, demostrando que, unidos en propósito y fe, podemos lograr cosas extraordinarias.

Antes que la luz se apague   *Martha Vega*

FMV
Fundación Martha Vega

Antes que la luz se apague   *Martha Vega*

Recibo como líder comunitario la aceptación para liderear ecuatorianos en USA-CANADA.

Comprender el sentido de la vida

Tu vida es un proyecto magnífico, pero también debes tener proyectos específicos. Tu vida es un templo, un edificio que debes administrar con disciplina. Debes tener metas claras para ti mismo como ser humano, como persona, como miembro de una familia, como mujer y como madre.

Luego, puedes cumplir tus metas como empresaria. Sí, es posible. Tal vez desde fuera parezca que no descanso, pero tengo la vida más feliz que puedas imaginar.

Tengo una paz emocional que proviene de la organización y disciplina que rigen mi día a día.

Mi vida está estructurada para cumplir proyectos, programas, eventos y dar apoyo a organizaciones que me necesitan.

Todo esto lo hago porque, día a día, a lo largo de todos estos años, he estado estudiando y certificándome en diversas áreas.

Me he certificado como líder, coach, empresaria, y he buscado constantemente ser una mejor persona. Esto lo llevo a cabo con un trabajo constante y he obtenido resultados positivos que me alimentan y me hacen decir: "Hermoso, he logrado una vez más". Pero no paramos aquí; seguimos, seguimos avanzando.

Cuando trabajas en proyectos específicos, es esencial cumplirlos para convertirte en un efecto multiplicador. Tu trabajo y legado deben continuar, y debes inspirar a otros a hacer lo mismo que tú.

No puedes caminar solo, debes buscar personas que estén más adelante que tú, para que puedan sobrepasarte. De esta manera, podrás llevar a todas esas personas que están rezagadas contigo.

Como profesional, nunca debes dejar de estudiar, ya que la educación y el conocimiento son lo que te brindan la libertad en todos los aspectos, incluyendo la libertad financiera y los logros. Esto es esencial para seguir adelante y continuar con tu misión y proyectos.

Recuerda, no podemos caminar solos.

Sigo hablando en partes porque la gente a menudo se pregunta y siempre me hacen la misma pregunta: '¿Dónde está tu esposo?'

La realidad es que, aunque un día hice un juramento junto al altar, él me falló. Fue esa la razón por la que tuve que desempeñar los roles de madre y padre, como mujer.

Sí, creo firmemente que Dios tiene un plan para mí y, en su tiempo, pondrá en mi camino al hombre adecuado, alguien con quien compartir mi vida y en quien pueda apoyarme. Mientras tanto, las verdaderas compañeras que siempre han estado a mi lado son mis queridas hijas.

Lamentablemente, en ocasiones, los hombres se sienten intimidados cuando eres una mujer exitosa, independiente y que vive para Dios, porque no pueden lidiar con eso, no pueden estar a la altura. Se ven superados por el ego y el miedo a amar a una mujer triunfadora y exitosa que es hija de Dios.

Siempre he dicho que lo que hace mi mano derecha no debe ser entendido por mi izquierda, pero es necesario dejar un legado. Un legado en el que la gente sepa que la esperanza nunca muere.

Antes que la luz se apague   *Martha Vega*

Antes que la luz se apague   *Martha Vega*

Antes que la luz se apague *Martha Vega*

Antes que la luz se apague   *Martha Vega*

Antes que la luz se apague   *Martha Vega*

Como referente y consultora política he sido parte de muchos proyectos en los Estados Unidos y Ecuador.

Martha Vega fuente de inspiración

Todos nuestros sueños, nuestro esfuerzo diario y las metas que nos fijamos van más allá del dinero en el banco.

Se trata de la cantidad de amor y servicio que queremos ofrecer al mundo, reconociendo primero nuestros propios recursos, ya que sin fortaleza personal no podemos ayudar a los demás.

Es importante comprometerse auténticamente a servir a los demás, sentirse orgulloso al recibir reconocimientos humanos, pero recordando que el mayor reconocimiento proviene de Dios por permitirnos estar aquí, con aliento en nuestros pulmones, para ser un ejemplo en el mundo.

Soy Martha Vega, una migrante con dos hijas, asumiendo roles de padre y madre, logrando ser profesional, empresaria, líder y activista.

Deseo que todas las mujeres vean en mi historia una fuente de inspiración para alcanzar sus propias metas, porque juntos podemos lograrlo.

Tomados de la mano, podemos llegar tan alto como el cielo, no por ego o vanidad, sino porque solo al estar unidos con quien nos ama incondicionalmente, como es Dios, podemos avanzar.

En este momento, la vitamina y la energía que Martha Vega tiene, provienen de tres seres humanos maravillosos con los que Dios me ha bendecido: Mi hija, Daniela Viviana Rubio Vega, Katherine Geomara Rubio Vega, y mi nieta, Anahí Alexandra Cristain Rubio; estas tres 'vitaminas' son las que me dan vida.

No importa lo que suceda día a día, cada una de ellas me llena de amor, me brinda salud y me regala felicidad.

Esto es lo que se necesita para que, como líder, activista y profesional, tu vida se sienta plena, llena de esperanza para seguir existiendo y rodeada de gente tan maravillosa: líderes tan grandes que han sido ejemplos vivientes. Observar cómo continúan avanzando, cómo siguen su camino sin detenerse a pesar de las dificultades de la vida, es inspirador. Su actitud de 'Sí se puede' es un faro de esperanza para todos.

Una de ellas es mi gran amiga Ivonne Cucalón, una guerrera incansable, una madre que nunca ha dejado de luchar por la vida de su hijo y por aquellos que necesitan ayuda, por los desfavorecidos, por aquellos que han perdido la esperanza. Como si fuera enviada por Dios, ella está aquí, enseñándole al mundo que sí se puede.

Agradezco a todos esos seres humanos, como ella e Isabel Barceló, y muchas otras personas a las que no alcanzaría a nombrar, que nos ayudan a avanzar en este camino y proyecto, donde la esperanza nunca debe perderse, donde los sueños nunca deben quedar enterrados. Es un espacio donde, mientras existas y respires, la vida debe continuar; donde al despertar y decir 'Señor, gracias por permitirme estar vivo', ya tienes un proyecto de vida.

Esto es lo que Martha Vega hace día a día, esto es lo que entrega sin reservas, sin dejar de lado lo que más ama: devolver al prójimo con todas las bendiciones que recibe, para que con ese granito de arena, las personas mantengan la esperanza. Agradezco profundamente a todos aquellos que reconocen mi labor día tras día.

Mi amor y agradecimiento siempre estarán con mi gente. Antes de que se apague la luz, cada uno de nosotros tiene el potencial de dejar un legado significativo.

No se trata de alimentar el ego, sino de hacer un trabajo genuino que impacte positivamente a otros. Bendiciendo a quienes nos rodean, podemos alcanzar la misión que nos hemos propuesto. Cada acto de bondad y servicio puede marcar la diferencia y contribuir a un mundo mejor.

Celebrando el día de la Hispanidad

Haciendo lazos

Fundación Martha Vega y National Community Services nuevamente haciendo lazos con nuestras autoridades que son verdaderos servidores públicos, nuestro Sr. Alcalde Álvaro Castillo su señora esposa y equipo de trabajo. Firmamos acuerdos para poder seguir sumando al servicio de nuestras familias vulnerables por medio de la educación continua y proyectos de auto gestión, gracias a Dios por permitirme seguir sirviendo en mi terruño Ibarra, ciudad en la cual Yo nací.

The Way to Happiness, evento celebrando el día del medioambiente...!!

Antes que la luz se apague   *Martha Vega*

Web Mujeres Internacionales. Derechos Humanos

La esencia del ser humano

La esencia del ser humano es algo maravilloso y algo que no debemos perder, sin importar a qué lugar o nivel lleguemos, porque somos esencia y estamos hechos a imagen y semejanza de nuestro Padre celestial.

Ahora, si en medio de toda esta historia me preguntaran acerca de la vida privada y sentimental de esta gran líder, activista y mujer, les diría que día a día vivo mi vida conmigo misma en busca de la felicidad.

Vivo amándome a mí misma, poniéndome como prioridad. Después de cuidarme a mí, vuelvo a centrarme en mí misma.

Siempre busco ese cómplice que camine a mi lado, alguien que no se asuste por mi pasado, mis heridas o sufrimientos; alguien que no necesite que me desnude emocionalmente para estar junto a mí.

Busco un compañero que penetre en todos mis sueños, en esos caminos diarios, en el compromiso constante mientras vivamos.

Creo que Dios pondrá en mi camino a ese cómplice especial, alguien que esté ahí para mí.

Todos necesitamos un cómplice, alguien que no nos suelte la mano cuando nos sentimos solos, alguien que celebre los triunfos junto a nosotros, alguien que nos ame y acepte tal como somos.

Una vida que contar

Todavía me quedan muchas historias verdaderas de mi vida real por contar, experiencias vividas día a día. Como cuando migré a este país en 1993, donde pensé que todo se acabaría, pero Dios nunca soltó mi mano.

Me encontré siendo madre soltera de dos niñas, sin saber a dónde ir o cómo llegar, pero Dios me dio la visión y el camino. Hoy mis hijas son mujeres íntegras que sirven a Dios y luego al mundo. ¿Qué más puedo pedirle a la vida?

Recuerden que el amor más grande para llevar a cabo todos los proyectos es el amor a Dios. Ningún proyecto puede avanzar si no va de la mano con Él.

Quiero agradecer a los grandes líderes de mi vida como mis padres, mis hermanos, mis hijas, mi nieta y todas aquellas personas que han formado parte de mi historia, aunque sean innumerables.

Gracias a esos cientos de personas que están detrás de Martha Vega, que comparten la misma razón social y el mismo corazón, hemos llegado a donde estamos.

Nuevamente les digo, enumerarlos sería una lista interminable, pero recuerden que una sola persona no puede salvar al mundo, solo Dios.

Detrás de nosotros, hay un grupo de personas que deben estar en el mismo nivel de amor, entrega, integridad, ética y, sobre todo, amor a Dios. Después de tanto tiempo vivido y tantos caminos recorridos, a menudo la bendición del cielo es lo que recibes: esa fuerza que te impulsa a seguir adelante a pesar de los altibajos de la vida ya sea en lo personal o en lo profesional, o en ese aspecto de mujer que tantos cuestionan.

Esa mujer que avanza con determinación, que demuestra fortaleza incluso en los momentos más difíciles, lo hace porque la vida misma le ha enseñado a ser fuerte, comprometida consigo misma, a priorizarse y amarse a sí misma primero y siempre. Es Martha, antes que nada, ya que si tu no te amas no puedes ser el reflejo de amor para el mundo.

Gracias a este recorrido en mi historia profesional y mi camino como madre, así como en mi papel de líder activista, al final del día me pregunto: "¿Qué nos llevamos ahora?"

Permíteme decirte que en este mundo somos solo prestados, y al final no nos llevamos nada material.

Sin embargo, sí dejamos un legado: el legado de haber transformado vidas, el legado de haber impactado con nuestras palabras y acciones.

A menudo, lo que realmente importa no son las posesiones materiales ni lo económico. Aunque en este mundo que a veces parece inmaterial, necesitamos enfrentarnos a las demandas del día a día, nunca debemos olvidar la importancia de mantener nuestra fe en alto.

Es esa fe la que nos sostiene, la que nos guía hacia la salvación y nos otorga la vida eterna. Si he llegado hasta este punto, si he persistido en seguir mis sueños y proyectos que no son solo míos, sino que tienen un propósito divino, es porque confío en que al final del camino, todas las personas, especialmente aquellas que entregamos todo sin esperar nada a cambio, estamos bendecidas.

Somos bendecidos porque tenemos salud, porque incluso cuando enfrentamos diagnósticos desafiantes, seguimos adelante.

Somos bendecidos porque, aunque los médicos puedan decir que no queda esperanza, nosotros afirmamos que sí la hay, porque creemos en aquel que nos dio la vida.

Con estas vivencias de mi vida, de Martha Vega, la amazona, la guerrera, la hija de Dios, la madre, la abuela, la amante, la amiga, he aprendido a ser la Martha que soy hoy. Este conjunto de virtudes, aciertos y desaciertos me ha enseñado a dejar atrás a la Martha sumisa, a ponerla de lado, aquella que quizás nunca imaginó que llegaría el día en que defendería los derechos de los vulnerables con convicción, comprometiéndome con esa misión hasta el último aliento que Dios me conceda.

Mientras estemos vivos, no podemos permitir que nadie nos arrebate nuestros derechos ni nuestra creencia en nosotros mismos, en nuestra capacidad para lograr lo que nos propongamos.

Debemos recordar que somos como estrellas fugaces, brillando con nuestra propia luz, una luz única y genuina que emana desde lo más profundo de nuestra alma. Esta luz, que es nuestra propia esencia, no puede ser comparada con ninguna otra, porque cada uno de nosotros es único y está maravillosamente bendecido con esa singularidad.

¿Por qué perder tiempo en el ego o en cosas triviales cuando podemos enfocarnos en alcanzar nuestro propósito divino con amor y bendición?

Los proyectos que emprendemos día a día son, en última instancia, proyectos de Dios. Mientras nos esforzamos en construirlos, debemos recordar que Dios ya tiene trazado nuestro camino y nuestro destino.

Es crucial aferrarnos a esa fe única para encontrar nuestro propósito y éxito en este mundo. De lo contrario, nuestros esfuerzos pueden carecer de frutos.

Dejo a ustedes esta incógnita hasta quizás en el próximo libro donde Martha Vega comparta más sobre su vida como mujer, como hija, abuela y madre de dos hijas maravillosas, y lo que sucedió después.

Todos nacemos como el ave fénix, encontrando fuerza en nuestros momentos más vulnerables y valentía cuando otros intentan derribarnos. Pero, sobre todo, debemos recordar que con la mano de Dios, nada puede estar en contra nuestro.

Angustias, dolores, sufrimientos

Obviamente, para llegar a donde estoy y sentir lo que he sentido, claro que sí he pasado por angustias, dolores, sufrimientos y una niñez compleja. Con padres ausentes, dedicados a trabajar para sustentar un hogar de una familia de 12, una familia con dos ideologías y dos mundos diferentes.

En mi adolescencia pasé muchas cosas, inclusive abusos infantiles y de adolescente. Abusos que no se pueden curar porque permanecen ahí, pero que he sanado gracias a mi comunicación con Dios. Ese vacío, esa parte oscura de dolor de una niña y de una adolescente que muchas veces no se sentía comprendida en una familia tan conservadora.

Teníamos que hacer lo que mi padre decía, sin cuestionar. Mi madre, sumisa, nos amaba pero no podía defendernos.

De esas dos culturas en las que crecimos, también como madre y como hermana, me apresuré a casarme, por lo cual doy gracias a Dios de tener las hijas que tengo.

Me apresuré en casarme para no vivir esa vida encerrada de angustia, de dolor, de soledad y desesperanza, poniendo como meta el sueño de libertad al casarme con el padre de mis hijas.

Al casarme y al tener tantas cosas que dolían, mi matrimonio no fue lo que yo esperaba. Juré un matrimonio para toda la vida y creo que fallamos los dos, y no resultó como debía ser.

Es verdad que detrás de toda esta historia hay una niña con dolor y sufrimiento. Hay una adolescente sin esperanza, sin ser comprendida, desvalida por la falta de atención de sus padres. No les culpo, tenían tanta responsabilidad con 12 hijos que hoy, como madre y padre, entiendo su situación.

Hemos seguido un patrón de conducta, creyéndonos militares, pensando que todo es blanco y negro, sin espacio para matices. Pero la vida, el dolor y el sufrimiento han hecho que mi mentalidad cambie por completo.

Al ser padre y madre de mis hijas, pude entender lo que pasaron mis padres para llegar a donde estamos. Nos educaron a su manera, algunos aprovecharon, otros no. ¿Qué te puedo decir?

Después de mi adolescencia y todo lo vivido, decidí ser casarme y ser madre a los 19 años. Maduré a golpes, con experiencias fuertes, con toda la discriminación que existió por la complejidad de la sociedad, las culturas, lo socioeconómico y las familias.

Cuando llegué a Estados Unidos, pensé que la vida se acababa. Dejé mi familia entera y todo lo que conocía. No me di cuenta en su momento que era Dios quien me daba la oportunidad de experimentar una nueva vida. Una vida donde iba a sanar todo lo que había pasado desde mi niñez hasta mi juventud.

A pesar de todo lo que he vivido, soy una mujer de principios, de fe, de disciplina y de tesón. Continué con mis estudios, educando a mis hijas, trabajando en uno y dos empleos para poder educarlas, a pesar de tener un padre 100% ausente. Les enseñé a amarlo y respetarlo, a saber que ese hombre, aunque nunca estuvo presente, era su padre y gracias a él existían.

No soy nadie para juzgar. Solo le pido a la vida ser feliz con todo lo que he vivido, con mis experiencias, aciertos y desaciertos. Quiero ser un rayo de luz y esperanza para las personas que vivieron o viven lo mismo que yo. Que el mundo no queda ahí, que la vida no acaba ahí. Mientras muchos te quieren aplastar y discriminar, tu amor por ti y por Dios debe seguir para que tu vida nunca pare.

Quiero dejarles saber que el éxito llega cuando curas tus heridas, cuando curas tu alma, cuando perdonas.

Llega cuando te amas a ti mismo, con tus defectos y errores, amas tu vida, tus hijos, tus padres, tu esposo, y después al mundo.

Cuando amas lo primero, tu entorno y a ti mismo, sanamos las adversidades del pasado. El pasado no existe, se fue, pero de eso aprendimos para que el presente sea mejor y el futuro solo Dios lo sabe.

Hoy, en el presente, necesitamos ser ese rayo de luz para la humanidad, ser un granito de arena para sumar, ser una herramienta de Dios para seguir existiendo.

Creo que todos tenemos una nueva oportunidad en la vida. Debemos sacar de nuestro corazón lo bueno y lo malo, y dejarlo saber al mundo.

Antes de que se apague la luz, mereces ser feliz, tener una vida digna, y eso es lo que yo, Martha Vega Gaibor, quiero. Tener una vida digna, ser feliz, tal vez encontrar al hombre que verdaderamente esté a mi lado, y si no es así, seguir con el amor de mis dos hijas y mi nieta, sirviendo a Dios y al mundo. Para eso existimos y seguimos.

Antes que la luz se apague   *Martha Vega*

Martha Vega, la niña introvertida con grandes sueños

Mi historia, mis aprendizajes y el propósito de esta narrativa: la historia de Martha Vega, la niña introvertida con grandes sueños.

Desde niña, he llevado conmigo un camino lleno de aprendizajes y experiencias que han forjado mi vida.

En cada etapa de mi vida, he enfrentado desafíos y he aprendido lecciones valiosas que han contribuido a mi crecimiento personal. A través de estas lecciones, he comprendido que el límite de nuestra vida solo lo establece nuestro pensamiento.

Todo lo que vivimos, cada experiencia y cada dificultad, nos enseñan y nos permiten crecer en múltiples aspectos sobre todo en nuestra capacidad de amarnos y valorarnos a nosotros mismos, intelectualmente, emocionalmente.

El mensaje que quiero transmitir con esta historia es que, a lo largo de nuestra vida ya sea en nuestra niñez, juventud, adolescencia, en la etapa de ser madre, esposa o abuela; los aprendizajes que a veces percibimos como dolorosos no son simplemente sufrimiento. Son oportunidades que la vida y Dios nos brindan para convertirnos en mejores seres humanos, para desarrollar nuestro carácter y fortalecer nuestras virtudes.

Recuerda que nadie puede detener tus sueños, excepto tú mismo. Nuestra vida no tiene límites intrínsecos, sino que los límites los ponemos nosotros.

A menudo, no conectamos con el universo ni somos conscientes de las bendiciones que tenemos. Al abrir los ojos y ser agradecidos por todo lo que existe en nuestras vidas, podemos inspirar a otros y demostrarles que sí es posible lograr lo que nos proponemos.

Tú eres el único dueño de tu vida y de todo lo que tienes mientras estés en este planeta. El universo conspira a tu favor para que te conviertas en un mejor ser humano.

Todo lo que experimentas, tanto internamente como externamente, son vitaminas para tu alma.

Estas experiencias te brindan las herramientas necesarias para mantener viva tu pasión y seguir persiguiendo tus sueños con determinación.

En resumen, cada uno de nosotros tiene una historia única. No podemos compararnos con los demás, ya que somos seres irrepetibles en este mundo.

No debemos dejar de vivir plenamente, enfrentar tanto éxitos como fracasos, y seguir soñando. La clave es inspirarse en nuestra propia vida, planificarla con propósito y valorarnos a nosotros mismos. Solo así podremos ser la fuente de inspiración que toca los corazones de otros.

Con estas palabras, te invito a explorar mi próximo libro, donde compartiré mi viaje de transformación y superación. En cada capítulo, encontrarás experiencias y mensajes que te guiarán hacia el éxito, mostrándote cómo levantarte como un ave fénix ante cualquier adversidad.

Antes que la luz se apague   Martha Vega

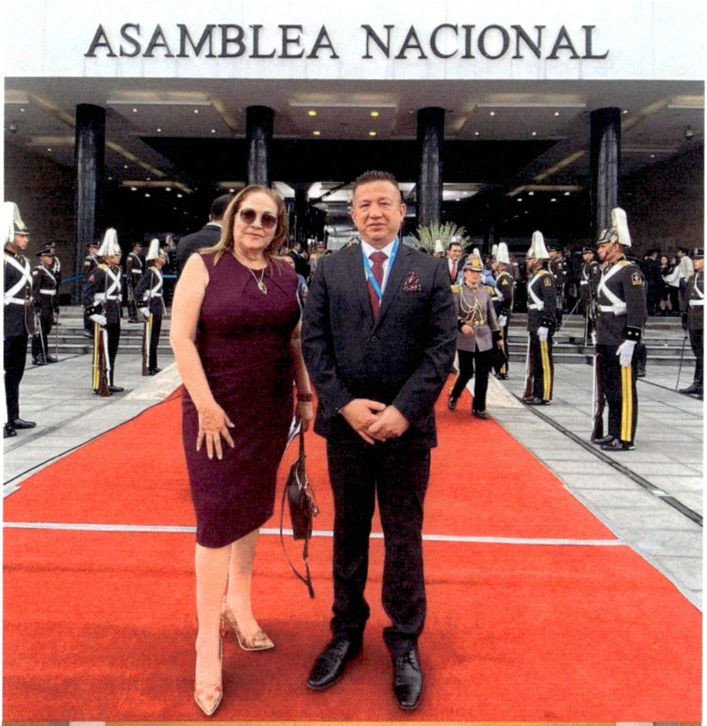
ASAMBLEA NACIONAL

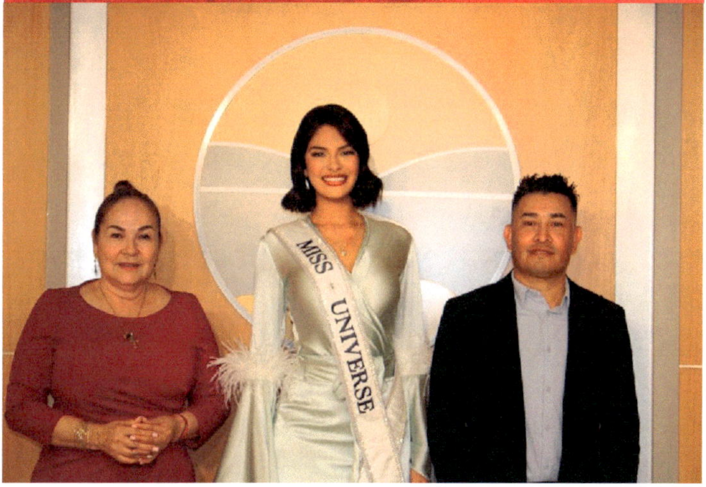
MISS UNIVERSE

Martha Amalia Vega Gaybor:
Un camino de Compromiso y Cambio

Soy Martha Amalia Vega Gaybor, ecuatoriana de nacimiento y una firme creyente en el poder transformador de los seres humanos. Desde pequeña, la justicia y la equidad han sido los principios que han guiado mi vida. Mi travesía comenzó en Ecuador, donde me convertí en líder de la comunidad indígena durante los años 90, defendiendo con vehemencia los derechos de mi gente y actuando como mentora de la juventud.

En 1993, mi vida dio un giro cuando emigré a los Estados Unidos, un cambio que expandió mi misión de lucha por los derechos de los migrantes latinos y ecuatorianos. En este nuevo capítulo, he trabajado como consultora educativa, política y empresarial, extendiendo mi compromiso a nivel individual y organizacional.

Mi labor incluye ser líder y coach para las juventudes migrantes y no migrantes, trabajando para derribar barreras y crear oportunidades.

He colaborado con consulados, organizando clínicas informativas sobre los derechos de los migrantes y liderando iniciativas que buscan mejorar la calidad de vida de las personas en situaciones de necesidad. También he asesorado proyectos empresariales sostenibles y me he involucrado en iniciativas globales como "Un Mundo Libre de Drogas" y "El Camino Hacia la Felicidad," manteniendo siempre una perspectiva internacional en mi labor.

Fundé y dirigí la Fundación National Community Services en Estados Unidos, contribuyendo al bienestar de las comunidades que me rodean. En Ecuador, establecí las fundaciones Inty Tatigrani y Martha Vega, continuando mi misión de cambio social y equidad.

Actualmente, administro ocho proyectos de desarrollo infantil en Quito en convenio con el MIES, impactando miles de vidas a través del trabajo conjunto con fundaciones y empresas.

Mi legado busca dejar una sociedad más justa y empática.

Anhelo que mi lucha por un mundo más equitativo y sensible hacia los derechos de los migrantes sirva como inspiración para otros, motivándolos a llevar un poco de tranquilidad a los más vulnerables.

Que mi propósito de vida se comparta ampliamente para fomentar un compromiso perdurable que trascienda generaciones, porque la sociedad nos necesita hoy más que nunca. Juntos, podemos lograr un impacto real y duradero.

Tabla de contenido

Prólogo 5
La historia de una niña con inmensos sueños 7
Soy una sobreviviente 10
30 años de trabajo y progreso 14
Dios en mi vida y mi labor.. 16
Migrante símbolo de fortaleza... 20
Superando Limites: Resiliencia y Orgullo Cultural 26
Trabajo y Progreso en los Estados Unidos:.. 33
Un Compromiso Inquebrantable 33
Liderazgo en acción. 37
Dedicación al Servicio de los Demás 40
El presente es un regalo 43
Comprender el sentido de la vida 50
Martha Vega fuente de inspiración 58
Haciendo lazos 62
La esencia del ser humano 65
Una vida que contar 67
Angustias, dolores, sufrimientos 72
Martha Vega, la niña introvertida con grandes sueños..................................... 77
Martha Amalia Vega Gaybor:... 82
Un camino de Compromiso y Cambio 82

Made in the USA
Columbia, SC
18 February 2025